"十三五"国家重点图书项目

国家出版基金项目
NATIONAL PUBLICATION FOUNDATION

中外文化交流史

叶奕良◎著

何芳川◎主编

中国伊朗文化交流史

国际文化出版公司

·北京·

图书在版编目（CIP）数据

中外文化交流史 . 中国伊朗文化交流史 / 何芳川主编 ; 叶奕良著 . -- 北京 : 国际文化出版公司 , 2020.12

ISBN 978-7-5125-1274-0

Ⅰ . ①中… Ⅱ . ①何… ②叶… Ⅲ . ①中外关系—文化交流—文化史—伊朗 Ⅳ . ① K203 ② K373.03

中国版本图书馆 CIP 数据核字 (2020) 第 264005 号

中外文化交流史·中国伊朗文化交流史

主　　编	何芳川
作　　者	叶奕良
统筹监制	吴昌荣
责任编辑	侯娟雅
出版发行	国际文化出版公司
经　　销	全国新华书店
印　　刷	文畅阁印刷有限公司
开　　本	710 毫米 × 1000 毫米　　16 开
	6.5 印张　　68 千字
版　　次	2020 年 12 月第 1 版
	2020 年 12 月第 1 次印刷
书　　号	ISBN 978-7-5125-1274-0
定　　价	38.00 元

国际文化出版公司

北京朝阳区东土城路乙 9 号　　　　邮编：100013

总编室：（010）64271551　　　　传真：（010）64271578

销售热线：（010）64271187

传真：（010）64271187—800

E-mail：icpc@95777.sina.net

目录
Contents

第一章

历史回眸看伊朗

　　早在十万年前伊朗高原上已有人类繁衍生息。伊朗的主体民族波斯族属操印度－伊朗语族中的一支。他们是白种人的一支——雅利安人，"雅利安"一词意为"高贵的"或"诚挚的"，伊朗这个国名在古代波斯语中即为"雅利安人居住的地方"之意。

　　在伊朗这片广袤辽阔的土地上，自公元前8世纪至公元7世纪中叶伊斯兰教征服伊朗之前的一千四百多年里，曾先后出现过四个在世界上颇有影响的王朝。第一个朝代即"米底王朝"，此后的三个王朝尤以阿契美尼德王朝（前550—前330）更为显赫，是世界上第一个跨亚、欧、非三洲的大帝国，亦称"古波斯帝国"。当时的波斯文明已高度发展，在世界文

波斯帝国阿契美尼德王朝旗帜

明宝库中亦占有一席之地，其中的一些文明古迹至今仍为举世瞩目。到了公元前330年，马其顿的亚历山大大帝东征一举焚烧了波斯玻利斯都城。在经过了一百多年以后，伊朗人中的一支帕堤亚族，[①]在今伊朗东北部的霍劳桑地区建立了阿希康尼扬王朝（前250—226）。由于该王朝的创始者名为阿息克（亦称阿尔沙克），故在中国历史上音译为"安息王朝"或"安息国"（最早见于《史记》）。正是在该王朝时代，中国史书上开始记载了中伊两国友好交往的材料。公元3世纪时伊朗出现了萨珊王朝（224—652），亦称"萨珊波斯"。到了公元7世纪中叶，伊斯兰教征服了伊朗，从此伊朗历史进入了伊斯兰时期。

亚历山大与波斯王大流士三世战斗图，藏于那不勒斯国立考古博物馆

---

① 源出雅利安人中的一支——塞族，亦称斯基泰族。

位于伊朗东阿塞拜疆省查哈克城堡墙身上安息帝国时期的灰泥浮雕局部，表现的是一名步兵

塔里木盆地克孜尔千佛洞的壁画，名为"吐火罗进贡者"，画中人物穿戴着萨珊式样的服饰

斯基泰金饰

绘有狮子的萨珊王朝银盾

在中国历史上曾把伊朗这个国家分别称为安息、波斯和伊朗。之所以有此差别，乃是伊朗历史发展所致。一般都以为"波斯"这个称谓乃是这三者当中最早者，实际情况并非如此。从词源上分析，伊朗这个词当属最早，该词在古代波斯语中意即"雅利安人居住的地方"，而波斯则是这些雅利安人中的一支。"波斯"一词原是古代希腊人将阿契美尼德王朝（即古波斯帝国）的统治者波斯族冠之以希腊文 persis 的称谓，这也是至今西方相关词汇的来源，如法语中的 perse、英语中的 persia 等。

伊朗在历史上习惯把历代王朝名称冠之以该朝第一位统治者之名。至于为何希腊人称伊朗为波斯，这是因为他们一开始与该王朝接触的便是该国的统治民族——波斯族，而横跨亚、欧、非的古波斯帝国的统治中心地域就位于今伊朗西南部的法尔斯地区，如闻名于世的波斯玻利斯城和居鲁士大帝陵墓所在地的帕萨尔高德等均在

居鲁士大帝雕像

此地域。而以波斯来称呼此后出现在该地域的统治政权一直被沿用到 1935 年，是年伊朗政权通过法令：用"伊朗"来替代以前的"波斯"。

位于伊朗法尔省省会设拉子东北部约 130 公里处的居鲁士大帝陵墓

波斯族曾两度统治过此地域，一为古波斯帝国时代，另一个则是公元 3 至 7 世纪时的（萨珊）波斯，而中国史书上习称的波斯则更多的是指萨珊波斯。

伊朗在公元 7 世纪中叶被信奉伊斯兰教的阿拉伯人所征服，从此便为伊斯兰教所统治。但伊朗人自恃在宗教上和阿拉伯人非同种，且在宗教、经济和政治上差异甚大。到了第二次世界大战之后，伊朗经济由于世界石油工业的发展而得到较快的增长。为提高伊朗的声望，淡化国内伊斯兰教势力的影响，通过加强伊朗国内主要民族的地位和作用来凸显该族在伊朗历史上的显赫作用，1949 年 10 月 25 日又恢复伊朗原用的国名——波斯。到了 20 世纪 70 年代初更是耗费巨资搞了一个庆祝波斯帝国建立两千五百年的隆重庆典，向国内外显示伊朗是这一地区在世界上有着举足轻重地位的一个国家。

在当今世界，尤其是 1979 年伊朗爆发了伊斯兰革命后，由于伊朗的政策和形象，人们一说起伊朗，便马上想到伊斯兰教，想到该教中的少数派——什叶派。其实这不是本质的一面。

伊斯兰教起源于阿拉伯半岛，是由阿拉伯人所创造的一个宗教，到了 7 世纪中叶，伊斯兰教征服了原由琐罗亚斯特教（在中国亦称为祆教或拜火教）统治的伊朗。自此，伊朗进入了伊斯兰教统治时代。但是由于伊朗人在种族上以及文化传统上均与阿拉伯族有很大差别，而且早在伊斯兰教出现前，在伊朗便已出现和创建过琐罗亚斯特教和摩尼教等，在伊朗人皈依了伊斯兰教后，很快便向伊斯兰世界展示了自己的才华。他们用阿拉伯语翻译介绍了伊朗古代文明中尚存的作品。此外，他们还用阿拉伯语写出许多宗教学、哲学、历史学等方面的著作，充分显示了伊朗人的才能，享誉世界。

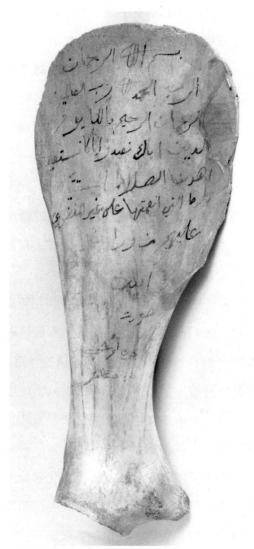

用墨水刻写在骆驼肩胛骨上的《古兰经》经文书法，现存于普林斯顿大学图书馆

　　伊朗人特别重视正统嫡传和君权神授。这点与伊斯兰教的什叶派所遵奉的宗教理念相吻合，即该教领导者均须是出自圣门后裔和正统嫡传。由于什叶派是伊斯兰教的少数派，而伊朗人从族种上说在该教信众中亦系少数派，所以除宗教教义信仰之外，从民族和思想感情上伊朗人亦更接近于什叶派的立场和地位。

位于伊拉克纳杰夫的什叶派伊玛目阿里清真寺

更重要的一条理由是伊朗的穆斯林不光确认什叶派信徒们的信条，即在先知穆罕默德归真后，只有阿里才是唯一的一位合法继承者，他不但是先知穆罕默德的堂兄，还娶了穆圣的女儿法蒂玛为妻，这样他便是先知家族中最嫡系的亲属，更不要说阿里在跟随穆罕默德宣传伊斯兰教义时所做的杰出贡献了。故此，他是

一名穆斯林在朝觐过程当中在麦加祈祷

最合法和合适的继承者；此外，还由于阿里的儿子侯赛因娶了伊朗萨珊王朝末代国王的公主为妻，所以伊朗的穆斯林什叶派领导人认为无论是从父系还是从母系上看他们均是最为正统和嫡传的，而且从君权神授上来讲也是最为合适和合法的。

一名伊玛目在埃及开罗领祷（1865 年让－里奥·杰洛姆的画作）

　　伊朗统治者选定什叶派的教义作为自己统治的宗教理论基础，并于 16 世纪萨法维王朝时开始正式宣布什叶派教义是伊朗的国教，自此确立了世界上唯一的一个由伊斯兰教什叶派执政的国家。这点从伊朗这个国家在世界范围中的地位上看是颇有影响的。以后伊朗几百年的历史进程和发展均与什叶派教义的主张相联系，即使是在 1979 年霍梅尼领导的伊斯兰革命成功之前的巴列维王朝鼎盛时期亦如此。只是当时的国王礼萨·巴列维错误估计了国内外的形势，尤其低估了宗教首领的能量，自以为能控制伊朗的局面，能以自己的统治权来逐渐淡化宗教影响，最终于 1979 年初被霍梅尼领导的伊斯兰民众起义所推翻，没放一枪一炮国王政权便宣告结束。伊朗建立起由伊斯兰什叶派宗教领袖当政的伊斯兰共和制，开始了所谓严格地以伊斯兰教教义来规范管理的政教合一的政体。

萨法维王朝国旗

霍梅尼

国王礼萨·巴列维和王后法拉赫·巴列维

第二章　古代中伊友好交往

据《史记》记载，中伊两国早于公元前 2 世纪就开始了友好往来，此后在中国历代编撰的史书中均分别记录了中伊两国不断交流的历史。

除官方的记录之外，两国的各界人士还分别著有对方国的社会风情包括经济发展的著作，这对后人了解中伊两国当时的发展情况有极大的参考价值。虽然有人对某些作品的著者是否曾亲历对象国一事提出质疑，但是这些作品中的大部分材料的真实性是毋庸置疑的。

中国在唐代即有杜环所著的《经行记》，作者在书中介绍十余年的国外见闻，对当时伊朗的方位地理、风土人情、物产服饰以及宗教军事等情况，用简洁扼要的文字做了描述，此书亦是我国最早用文字介绍伊斯兰教教义的书籍。遗憾的是全书已失传，只在《通典》中保存数节。

在元代，汪大渊曾随商船两次访问十几个国家和地区，他在《岛夷志略》一书中有专门章节介绍伊朗的主要商埠忽尔谟斯。自此可看出，当时忽尔谟斯已是波斯各地货物的主要集散口岸，

东西方各国商贾均在此交易。此书是作者的亲身经历，成为后代
访问伊朗的旅行者的可靠向导。此外元代耶律楚材所著的《西游
录》以及周致中所著的《异域志》中，也记述了伊朗当时的地域。

辽宁省锦州塔山公园内的耶律楚材雕像

　　到了明代，此类著作数量更多，例如由陈诚和李暹合著的《西域行程记》和《西域番国志》是他们奉命出使伊朗帖木儿王朝的哈烈城（今阿富汗赫拉特）的记录，这两部书对当时伊朗的地理、风俗、人情和制度都有较生动的描述。至于在明代曾随郑和出使的随从中，有几位在回国后先后著书，介绍出使情况，例如马欢曾三次随郑和下西洋任翻译，他对照已有成书，把旅途中的见闻写成《瀛涯胜览》，其中关于忽鲁谟斯国（在今伊朗境内）的描写甚为详细，除一般物产和地理情况之外，对当地民众的风俗习惯和生活娱乐等亦有描写，语言生动，有些词直接用波斯语译音。

赫拉特

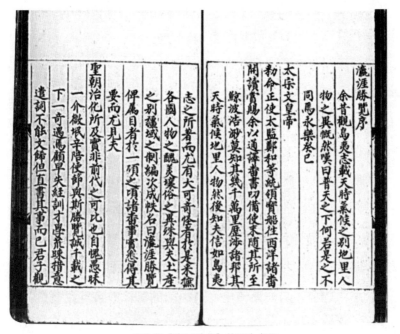

馬歡著《瀛涯勝覽》的兩個書頁

瀛涯勝覽序

余昔觀島夷志載天時氣候之別地里人
物之異慨然嘆曰普天之下何若是之不
同焉永樂癸巳

太宗文皇帝
勅命正使太監鄭和等統領寶船住西洋諸番
開讀賞賜余以通譯番書叨備使末隨其所至
之別疆域之倒編次成帙名曰瀛涯勝覽
鯨波浩渺莫知其紀千萬里歷涉諸邦其
天時氣候地里人物然後知夫信如島夷
志之所著矣而尤有大可奇怪者於是乘
各國人物之醜美壞俗之異殊與夫土産
俾屬目者於一頃之頃諸善事實惟其
要而尤見夫
聖朝治化所及實非前代之可比也自慚愚昧
一介徵賤辛陪使節與斯勝覽誠千載之
下一奇遇焉辛陪使節與夫荒陬拼意
遺詞不能文飾但五書其事而已君子觀

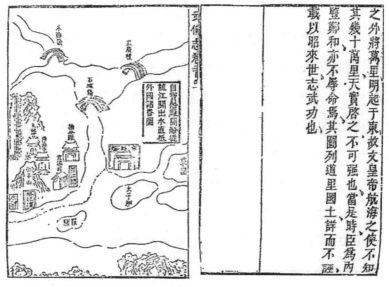

《鄭和航海圖》第一頁

之外將萬里陰起于東葢交皇帝航海之侯不知
其幾十萬里天寶啟之不可强也當是時臣爲內
堅鄭和亦不辱命爲其圖列道里圖土詳而不誣
載以昭來世志武功也

费信曾四次随郑和到海外，两次访问忽鲁谟斯国，回国后写了《星槎胜览》一书，对忽鲁谟斯国有所介绍。

巩珍随郑和历访二十国，详细了解各国风习，回国后写了《西洋番国志》。由于他的文字修养较马欢和费信为高，对忽鲁谟斯的描写生动活泼，直接采用波斯语音译，介绍某些物产，对研究中国和伊朗的文化交流颇有帮助。

伊朗在古代亦有一些介绍中国的著作，例如在公元 9 世纪时，有一位名叫苏莱曼的商人自古伊朗的波斯湾头著名港口锡拉夫（我国古籍中亦称为尸罗围、撒那威或施那帷）出发前往中国，他在返回伊朗后，写了本访问中国的回忆录。该书后以《苏莱曼游记》著称，书中除描述自波斯湾出发至中国的具体航海路线及航行情况之外，还对他在中国的各种见闻做了朴实而生动的描述，使人读后对当时中国的国情及风俗等有一个清晰的概念。例如，他在描述广府（今广州）时说，广府是中国的主要港口，有来自世界各地的货物，该城的建筑物都是竹木结构，因此不时有火灾发生，这给各国商人带来损失。在介绍中国风情时说到，中国各地均用敲击大鼓来报时；中国人文化素养高，懂得音乐和绘画。他在介绍中国司法程序时说中国人在告状时要向法官递状纸，并介绍中国在当时已用验指纹的方法来辨别真伪。书中还介绍了中国的就医制度以及丧葬礼仪等，作者说中国人生活安乐，即使外国人在中国也能享受平等待遇。

在中国元明两代，伊朗人还著有几部有关中国的重要著作，最著名的作者当推拉施特，他是伊朗伊利汗王朝杰出的政治家、

拉施特雕像

沙哈鲁雕像

史学家和医师，他的著作宏富，有关中国的主要有《史集》中的中国史部分，是外国同类书籍中最重要的一部。另有四部关于中国的作品分别是《中国医学》《中国药学》《蒙古药学》和《中国人的治国策略》。此外，他还在《迹象与复苏》这部有关农业和园艺的著作中，谈到中国二十多种植物，如茶、檀香、肉桂、椰子、槟榔、松木、沉香、苏木、莲花和杨梅等。他详细介绍了这些植物的外观、特性、用途和栽培方法，并用波斯语记录了它们的汉语名称和发音。在 15 世纪伊朗帖木儿王朝时，国王沙哈鲁遣使前来中国，代表团中有一位名为火者·盖耶速丁的著名画师，他以王子贝孙忽尔（以热爱吟诗写作、书法、绘画而著称）的代表身份参加访华团。奉贝孙忽尔之命，他用日记形式记下了出使的全过程，后以《沙哈鲁遣使中国记》而著称。书中介绍了朝见明成祖的细节，对中国的殷勤款待表示满意。此书对研究中国明代的城市建筑、礼仪典章、民众生活、饮食起居、文化娱乐直至外宾礼遇等方面，都极富参考价值。

古代伊朗人写的另一部介绍中国的值得注意的著作名为《哈塔伊游记》（亦译为《中国纪行》）。该书作者为阿里·阿克巴尔·哈塔伊，此书是今天能读到的用波斯语介绍中国社会、政治、经济、文化、军事、法律以及生活等涵盖面最广和最为详细的一部书籍。书中讲到作者曾于1506年来中国旅行了一百来天，回国后根据经历而写成这部游记，记述了旅行中的见闻。虽然有人认为由于他所写内容过于丰富和详细，以至于怀疑是否系作者的亲身经历。不过，该书仍不失为中伊文化交流史上少见的重要著作。

第三章

经由伊朗向中国的宗教传播

　　在中国和伊朗的古代文化交往中，宗教传布亦是一个方面，据有关史料记载世界上许多与伊朗有密切关系的宗教，如琐罗亚斯特教、摩尼教、景教、伊斯兰教等均是经由伊朗传入中国的。前四个宗教传入时间约在南北朝至唐代时。当时中国政治安定，经济繁荣，对外开放，容许各种思想传播，这些传入的宗教有些现在虽已灭绝，但在两国文化交流上曾起过一定的推动作用，并且沟通了各国人民之间的思想。

琐罗亚斯特教

　　琐罗亚斯特教在中国又称祆教、火祆教、拜火教或波斯教，该教流行于古代波斯、中亚等地，比伊斯兰教在伊朗的传播要早得多。现在伊朗的部分地区以及印度的少部分地区还有信奉该教的信徒。它宣扬善恶二元论，认为火、光明、洁净、创造和生命是善端，黑暗、恶浊、不净、破坏和死亡是恶端。善端以光明之神阿胡拉·玛兹（又称奥尔穆兹德）为代表，即智慧或主宰之神，

琐罗亚斯特

而恶端则以黑暗之神安格拉·曼纽（也称阿里曼）为代表。该教认为在宇宙中，善与恶这两种对立的本源一直在做斗争，最终善将战胜恶，而人类在善与恶的斗争中有权选择自己的立场，即可以决定自己的命运，而不似其他宗教那样宣传天定和前世。琐罗亚斯特教要求信徒们把善思、善言、善行作为自己行为和道德的准绳。该教奉《波斯古经》（即《阿维斯陀》）为经典，认为火是光明和善端的代表，是阿胡拉·玛兹达的象征，以拜火为宗教的主要形式；该教有关世界末日终审及判决，对死者进行末日审判以及圣母所生的未来救世主等概念均对犹太教和基督教产生了巨大的影响。

法拉瓦哈，最著名的琐罗亚斯特教象征之一

伊朗亚兹德的琐罗亚斯特教火神庙

　　琐罗亚斯特教传入中国当在南北朝时期的 421 年至 530 年。最初，北魏人称之为"胡天"。《魏书·灵胡太后传》载，"废诸淫祠，而胡天神不在其列"[①]，即指琐罗亚斯特教之神。到了隋唐初期，乃改称为"祆"。但是中国史籍未明确记载该教在中国的具体发展情况，可能主要为来华的波斯人以及西域人所信奉。唐朝初年，琐罗亚斯特教教徒在中国颇受优待，凡伊朗人在华的聚居地多建有祆教寺院，在长安西北部就有三座祆祠。有人认为，

10 世纪《粟特神祇白画》，出自敦煌，是用于赛祆的纸本神像，现藏于巴黎法国国家图书馆

---

① 参见《魏书·宣武灵堂后期胡氏传》。

客居于长安的波斯萨珊王朝末代国王伊嗣侯之子卑路斯在长安西北部建立的波斯古寺亦为祆祠，因为萨珊王朝信奉祆教。

祆教在中国未进行大规模传教，亦未译经，故无祆教经典传世。据南宋张邦基《墨庄漫录》卷四记载，宋时在镇江尚有祆教祠，宋以后就再见不到有关祆祠的记载了。

摩尼教

摩尼教在中国亦称明教、末尼教或明尊教，由波斯人摩尼于公元 3 世纪在波斯萨珊王朝时创立。摩尼教创立后不为波斯国所容，在教祖摩尼被处死后，教徒四处出逃。后来，该教逐渐流行于西域。摩尼教吸收了琐罗亚斯特教、基督教、太阳神教和诺替斯教等教的思想而形成自己的教义。它宣扬善恶二元论、光明与黑暗的对立，宣扬善人死后可获幸福，而恶人则将坠入地狱。主要教义是"二宗三际说"，意即明暗两宗的斗争分成初际、中际、后际三个阶段，这种思想见于现今残存的汉译摩尼教经文中，它认为现存世界处于中际（即光明与黑暗争斗的第二阶段），人们应当起来助明斗暗。此教教规要求制欲、不茹荤、不饮酒、不祭祖、死后薄葬。

按《佛祖统记》卷三九载，摩尼教传入中国是在唐武后延载元年（694），波斯人拂多诞等携二宗经入唐，后在长安、洛阳等地建立了摩尼教寺院。《唐会要》载："贞元十五年四月，以久旱，令摩尼师祈雨。""元和二年正月庚子，回纥请于河南

摩尼教僧侣在办公桌上写作。摩尼教抄本残页，手稿来自高昌遗址

府、太原府置摩尼寺，许之。""会昌
三年敕摩尼寺庄宅钱物，并委功德使御
史台京兆府差官检点。在京外宅修功德
回纥。并勒冠带，摩尼寺委中书门下条
疏奏闻。"[1] 摩尼教之所以能在中国传布，
和唐代发展同回鹘（回纥）的关系有关。
当时回鹘的力量颇强，而摩尼教是回鹘
的国教，"安史之乱"时，唐廷曾求助
于回鹘以平乱，此后关系融洽，因此摩
尼教在中国发展很快。

　　摩尼教对贫苦民众有一定的吸引力，
在中国封建社会后期的农民起义中产生
过较大的影响，有些农民起义用摩尼教
的"明暗相斗说"来动员民众。唐末、
五代时开始发展的明教就是由摩尼教演
变成的秘密结社，直到元代还存在。五
代时，在河南陈州（今河南淮阳）起义
的毋乙、董乙等就是利用摩尼教来号召
民众的。宋末方腊在浙江睦州（今浙江
建德）起义，也用该教来组织和发动群众。
摩尼教对五代、宋、元、明、清的秘密

《摩尼光佛教法仪略》上卷，纸本、卷轴、卷轴。尺寸：26cm×150cm，年代：唐开元十九年（公元731年）

---

① 《唐会要》卷四九，中华书局，1955年版
第864页。

宗教组织——明教、白云教、白莲教等有直接影响，这些教派均脱胎于摩尼教，并掺入佛教和弥勒教等成分。

　　在甘肃敦煌的莫高窟曾发现汉译摩尼教经典，在新疆吐鲁番亦发现过摩尼教经典以及有关摩尼教的石窟。此外，在福建泉州华表山有摩尼教草庵（见《闽书》七），据考证为元代的摩尼教建筑遗址。

现藏于日本甲州市栖云寺的南宋绢画《夷数佛帧》："夷数"即摩尼教对耶稣的翻译，图中作为摩尼教先知的耶稣手持红色莲花台，其上安置金色光明十字架

元朝绢画《冥王圣帧》，描绘了摩尼教的救赎论，图中坐于莲台上的即是摩尼，现为日本私人收藏

天国与尘世，元朝绢布彩绘《宇宙图》描绘摩尼教
的宇宙论，现为日本私人收藏

福建晋江草庵光明佛石造像和摩崖石刻

景教

基督教中的聂斯托利派，在伊朗被称为聂斯托利教。由于这个教派对圣灵的认识和主张同正统的基督教教义相左，故受排挤，聂斯托利本人亦被东罗马皇帝驱逐。后来该教向东方发展，在伊朗得到国王的支持。

景教传入中国的具体时间不详，但根据保存在陕西的"大秦景教流行中国碑"，在唐代贞观九年（635），波斯僧阿罗本抵长安传布景教。在天宝四年（745）以前，波斯被认为是聂斯托利教的根据地，故其寺院在中国均被称为"波斯寺"，其僧侣则被称为"波斯僧"。《唐会要》载："贞观十三年（639）七月诏曰：道无常名，圣无常体，随方设教，密济群生。波斯僧阿罗本远将经教来献上京，详其教旨，玄妙无为，生成立要，济物利人，宜行天下所司。即于义宁坊建寺一所，度僧廿一人。"[①]唐高宗时，在诸州建景寺（波斯寺），玄宗、肃宗对景教也很支持，玄宗曾亲自为景教题额，公元745年，唐玄宗下令把波斯寺改名为大秦寺。《唐会要》载："天宝四载九月诏曰：波斯经教出自大秦。传习而来，久行中国，爰初建寺，因以为名，将欲示人，必修其本。其两京波斯寺，宜改为大秦寺。天下诸府郡置者亦准此。"[②]当时景教在中国虽不一定似大秦景教流行中国碑所云"法流十道，寺满百城"，但已颇有影响，到了唐武宗会昌五年（845），唐廷废止宗教，景教亦遭禁绝。

---

① 《唐会要》卷四九，中华书局，1955年版第864页。
② 同上。

大秦景教流行中国碑碑额上的十字架

聂斯托利派神职人员正在列队前进，来自新疆高昌景教寺院壁画

唐朝《大秦景教宣元至本经》经幢上的十字莲花和飞天图案拓片

中国留存的景教史料主要有：

1. 大秦景教流行中国碑碑文（大秦寺僧景净撰），记述了基督教教义和景教自 635 年以来在中国的发展情况。此碑立于 781 年，发掘出土年代为 1625 年，碑文是用中文和古叙利亚文写的，碑文作者景净以及文中提及的波斯僧，据考证均是伊朗人，碑的左右方上下所刻的 76 名景教教士中，有不少亦是伊朗人。

2. 在敦煌发现的《景教三威蒙度赞》是颂扬基督教三位一体的经文。后面附有 8 世纪末其他汉译经目多种，多为景教碑撰者景净所译。在敦煌莫高窟也发现了景教幡画。除此之外，在西安南面的周至县还发现了 8 世纪末重建的景教大秦寺遗址。考古工作证明，在新疆吐鲁番和甘肃省一带，分布有 8 世纪后的景教寺院，吐鲁番的哈喇和卓曾发现绘有景教徒进行宗教活动壁画的寺院遗址。从历史上看，11 世纪中叶后，中国和伊朗之间的陆路交通逐渐衰落，但是在中亚以及我国伊犁一带的景教徒仍很活跃，景教徒所特有的铜制十字架，向东一直分布到内蒙古的河套地区。近年来在内蒙古百灵庙地区发现的墓群表明，直至 13 世纪，当地的一些部落仍信奉景教。当然，这些景教徒和伊朗已无直接的联系了。

现在位于西安碑林中的景教碑（顶部）

在高昌景教寺院发现的景教壁画残片线摹图，上绘手持十字杖的基督骑驴进入耶路撒冷，和一位身着唐朝服饰的女信徒，似乎是描绘圣枝节

法国汉学家伯希和带到巴黎的《景教三威蒙度赞》写本，原本现藏于法国国家图书馆

大秦寺塔

伊斯兰教

伊斯兰教是当今流行于世的三大宗教之一，在中国旧称"回教""清真教""天方教"等。"伊斯兰"是阿拉伯语"顺从真主的意愿"的意思。该教在公元7世纪由先知穆罕默德开创，并发源于阿拉伯半岛。信奉该教的信徒被称为穆斯林，伊斯兰教的经典是《古兰经》。

该教的信徒穆斯林得笃信真主，崇信穆罕默德是真主派来向民众传示的最后一位先知，《古兰经》则是真主传授给穆氏的话语。

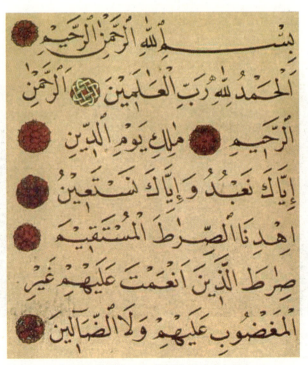

《古兰经》的第一章《开端》含有七句经文

　　穆斯林被告知，要获永生得于在世时谨守五功——念功：虔诚地念诵两个信条"万物非主，唯有真主。穆罕默德是真主的使者"；拜功：每日五次按时朝向圣城麦加克尔白进行礼拜；课功：即交宗教税和进行施舍，按照《古兰经》规定的用途将本人财产贡献出一部分以示对真主的崇敬和感恩；斋功：指每年在伊斯兰教历第九月——莱麦丹月进行的斋戒；朝功：人在一生中只要力所能及至少要去麦加朝觐一次。

　　所有的穆斯林均得顺从真主的意愿，祈求在终审日遭审判后能获得宽恕和受赞颂的生活，那些遵奉真主意愿者将永远生活在天堂里，而那些违抗真主之命且又不悔悟者将被打入炼狱永受煎熬。

麦加禁寺穆斯林朝觐情景

　　全世界的穆斯林中绝大多数是逊尼派信徒，而伊朗则是由什叶派执掌政权的伊斯兰国家。伊朗的国教是笃信伊斯兰教什叶派中的一支——十二伊玛目派的贾法里信念。

什叶派穆斯林

　　当今中国境内笃信伊斯兰教的穆斯林主要有 10 个民族。伊斯兰教于公元 7 世纪中叶已开始传入中国，11 世纪初伊斯兰教开始传入新疆，关于伊斯兰教传入中国的时间众说不一，很可能是在大食灭伊朗萨珊王朝之后，经由海陆两路传入我国，而由海路传入则当更早。

历史研究证明，最初把伊斯兰教传入中国的是一些阿拉伯人和伊朗人，早期来华的穆斯林中有很多人来自波斯湾的栖拉甫港一带。到元朝时，伊斯兰教的影响更大了，伊朗伊利汗王朝的史学家拉希杜丁（即拉施特）所著的《史集》称，在中国当时的 12 个省份中，8 个省有穆斯林。

伊斯兰教传入中国对我国回族的形成有直接和重要的影响。13 世纪初，蒙古人西征，包括许多波斯人在内的中亚各民族中的大批穆斯林被迫东迁到中国来。这些移民包括各个阶层。他们在中国定居下来，繁衍生息。他们的宗教信仰和生活习俗（包括饮食起居）与我国其他民族不同，而不少人和中国其他各民族通婚，所以逐渐在我国形成了一个信奉伊斯兰教的少数民族——回族。

伊斯兰教的传入及其在中国的发展，对回族的形成起了重要的纽带作用。其先民在唐宋时被称为"蕃客"；元明以来称"回回"。"回回"一词最早出现在北宋沈括的《梦溪笔谈》和南宋彭大

沈括

雅的《黑鞑事略》中。从元代到明代，各种不同来源的"回回"逐渐成为中国的一个民族。这些人中以 13 世纪迁入的中亚各族人、波斯人和阿拉伯人为主，包括 7 世纪以来侨居在中国东南沿海诸商埠的阿拉伯人和波斯人的后裔在内，在长时期历史发展中吸收汉、蒙古和维吾尔等族而逐渐形成。中国穆斯林中的绝大部分属伊斯兰教的多数派逊尼派，而伊朗的穆斯林绝大部分信奉的则是伊斯兰教中的少数派什叶派。在中国信奉伊斯兰教者大部分集中在 10 个民族中，分别是回族、维吾尔族、哈萨克族、柯尔克孜族、乌孜别克族、塔吉克族、塔塔尔族、撒拉族、东乡族和保安族。其中只有聚居在帕米尔高原地区的塔吉克族信奉该教什叶派中的一支——伊斯玛仪教派的教义。他们崇奉的先知穆罕默德及其亲属——阿里、法蒂玛、哈桑和侯赛因，被尊为"五圣"。

由于中国在历史上长期以来一直与伊朗有着密切联系和频繁交往，中国的穆斯林，尤其是聚居在新疆地区的穆斯林在日常生活中掺入了不少什叶派的风习。在中国，许多伊斯兰教的常用语也习惯沿用波斯语词。例如，中国穆斯林称真主为"胡达"，而不常用阿拉伯文"阿拉"；他们称诵经礼拜为乃玛兹，每天的五次礼拜名称亦均为波斯字，分别为榜不达（晨礼）、撒申（晌礼）、底格儿（晡礼）、沙姆（昏礼）、虎甫滩（宵礼）；称穆斯林为木速儿蛮，称先知为"别庵伯尔"。在一些中国的伊斯兰教经学院里，还专门设有讲授 13 世纪末伊朗著名诗人萨迪的名著《蔷薇园》的课程。

描绘萨迪在玫瑰园的画作，存于美国弗里尔艺术馆

　　此外，中国穆斯林的许多宗教（伊斯兰教）词汇都用的是波斯语。例如，称"学者"为"达石马"，称"朋友"为"多斯提"，称"敌人"为"杜什曼"，称"地狱"为"朵子海"，称"天堂"或"天国"为"比一士"，称"小净"为"阿不得斯"，称"斋戒"和"开斋节"为"肉孜"。又如教士在每次该进行礼拜时在宣礼楼重复召唤穆斯林进行礼拜，此举称为"宣邦克"，清真寺内专门进行此召唤之处所称为"邦克楼"。

第四章

文化交流结硕果

在古代，中国和伊朗在科学技术和文化方面交流频繁，涉及的范围和领域亦很广泛。现仅分科学技术、古代医学、经济作物、语言文学、文化艺术和考古几个方面简述如下。

科学技术交流

1.由中国传至伊朗的科学技术

1）缫丝　中国丝绸在古代是最受伊朗人民欢迎的外来商品。在海路交通尚不发达时，东西方之间须经由伊朗的厄尔布士山脉和扎格罗斯山脉之间的地域来进行交往。这使伊朗人掌握了中国与西方进行贸易的情况。

据说中国丝绸的西传亦得助于伊朗人。公元550年，东罗马帝国的皇帝尤斯提尼阿奴斯意欲在东罗马创建缫丝业，当时有两名伊朗僧侣向他述说他们在中国见过养蚕和缫丝过程，于是他令此两名伊朗人设法把蚕卵带到东罗马来，两僧侣后来果然将蚕卵藏在通心竹杖中带到东罗马进献给皇上，自此蚕丝业传入欧洲。

从德黑兰眺望厄尔布尔士山脉

鸟瞰扎格罗斯山脉上的盐冰川

伊朗地毯

2）**制瓷** 中国瓷器素以精美雅致而著称于世。在伊朗各地几乎都有中国历代瓷器出土，这表明在古代，中国瓷器便经由陆海两条丝绸之路源源不断地运到伊朗。伊朗也很珍视这些来自中国的珍品。至今伊朗人仍把瓷器称为"秦尼"，波斯语义为"中国的"或"中国产品"。伊朗历代帝王都订购大宗的中国瓷器，其中萨法维王朝（1502—1735）尤为突出。在广东省博物馆保存有伊朗宫廷专门定制的中国明代生产的瓷器；而在伊朗各地不少博物馆保存的中国古代生产的瓷器，其数量之巨、品种之多、内容之丰富均属罕见。由于中国瓷器的传入，也促使陶瓷业在伊朗的兴起和发展。他们吸取了中国陶瓷的特点，结合伊朗的具体情况加以发展，烧制出伊朗人民喜爱的具有民族特色的陶瓷器。有些专家认为，中国陶瓷制作工艺在某些方面后来也受到伊朗的一些影响，例如在釉里加上珐琅质的技术，据说就是从伊朗学来的。

保存在伊朗国家博物馆的陶器油灯

3）指南针 中国人早在公元前 3 世纪就用磁石制作"司南"来指示方向。到了公元 11 世纪，中国发明了指南针并将其运用到航海事业上。指南针是我国通过海道传入波斯的首批物品之一，它是在传入伊朗和阿拉伯地区后再传入欧洲的。

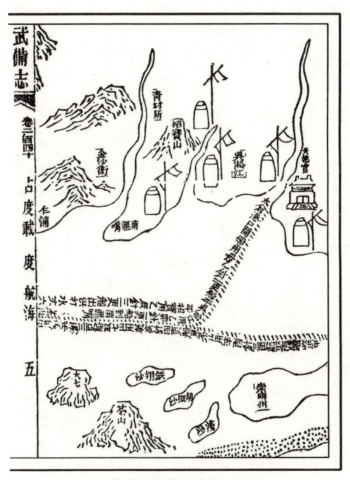

《郑和航海图》里五针路的应用

4）造纸术　我国造纸术的西传发生于公元751年唐廷在怛逻斯一战中败于大食之后。当时有一些唐廷士兵被俘，其中一些战俘掌握造纸技术。他们先在撒马尔罕建立造纸作坊，以后又逐渐把造纸技术传至伊朗和其他阿拉伯地域。

甘肃天水放马滩五号墓出土的纸地图

元代火铳

5）**制硝** 伊朗人把硝称作"中国盐"。约在公元八九世纪时，中国的制硝技术便已传入伊朗。而用硝来制造火药的技术则是在蒙古族统治伊朗时才传过去的。

6）**雕版印刷术** 我国早在唐代就发明了雕版印刷术。蒙古族统治伊朗时，中国的雕版印刷术便西传；公元 1310 年时，波斯著名政治家和历史学家拉希杜丁·法杜拉在《史集》一书中曾精确而详细地介绍了中国的雕版印刷术。这表明该技术至少于公元 13 世纪末便已传到了伊朗。更需一提的是此时正值伊朗伊利汗王朝乞合都统治时期，由于通货膨胀，用雕版印刷技术仿照元代的"至元宝钞"在伊朗首都大不里士发行了纸币，但是该纸币在伊朗通

雕版的刻制

用不久便停止了流通。

2.伊朗对中国科学技术发展做出的贡献

公元 1270 年，波斯著名天文学家扎马鲁丁向元朝宫廷呈献了七件波斯天文仪器——浑天仪、方位仪、斜纬仪、平纬仪、天球仪、地球仪和观象仪。伊利汗王朝时伊朗还向元朝宫廷进献了由伊朗天文学家纳西鲁丁·图西创立的新纪年法——万年历。古代伊朗的建筑材料如发券的砖石结构、拱顶建筑形式以及色泽鲜艳的琉璃砖瓦等，均对中国的建筑技术产生过影响。

纳西鲁丁·图西

古代的医学交流

中伊两国在医学上相互交流的历史也是颇为悠久的。据伊朗文献记载，[①]在伊朗萨珊王朝国王霍斯罗·帕尔维兹当政时（590—627），中国的皇后生了病，中国大夫均认为无法治愈。一位名为霍尔达特·巴尔席恩的伊朗大夫前来为中国皇后治病，经过精心治疗，药到病除。

唐宋以后，大批波斯和阿拉伯药材输入中国，亦有不少药草商来华，有的甚至开设药铺。至今许多伊朗的药材铺的药材存放器皿仍与中国中药店中的陈设相似，药材均分别放置在有小抽屉的柜子里，规模和式样亦甚为相似。

北京图书馆收藏的《回回药方》中，有一部分是用波斯语书写的。2000 年国内结集出版了《回回药方考释》一书。有些

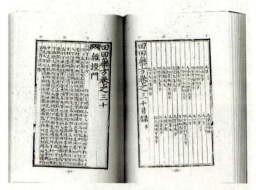

《回回药方》的两个页面

---

① *Tareekhi Pizisheeki Iran*（波斯文版《伊朗医学史》，德黑兰，1973 年版第522 页）。

波斯药方如"悖散汤"(《证类本草》卷九)在中国颇为流行。元代朝廷医学机构还聘请了包括波斯大夫在内的外国大夫来华服务。

同样,中国的医学对波斯医学也颇有影响。中国的"脉学"早在公元11世纪已传入波斯。波斯的医学家阿维森纳当时就在自己的名著《医典》(Qanun)一书中沿用中国的脉学。他的关于脉有浮沉、强弱以及把脉得在"寸关节"上等论述,均与中国的脉经相同。此外,波斯名医、历史学家拉希杜丁·法杜拉在公元1313年编了一部《中国医学百科全书》(Tanksuq-Nameh),举凡脉学、解剖学、胚胎学、产科学和药理学等都有论及。

中国的许多药物亦传至波斯等国。

阿维森纳

在经济作物方面的交流

两国在经济作物方面的交流也是互通有无的。

由伊朗传入中国的作物有：

1. **苜蓿** 原产于伊朗，是当地饲养马匹的优质饲料。中国汉武帝（前140—前87）经常遣使前往西域获取体态优美的伊朗良种马，尤其是汗血马（亦称天马）。但此种马在带回中国后，自第二代起即行退化。汉使张骞得知这种马嗜食苜蓿，他于公元前128年把苜蓿籽带回中国献给汉武帝，从此苜蓿便出现在中国的土地上了。

苜蓿

汗血马

2.葡萄 《汉书·西域传上·大宛国》："汉使采葡萄、苜蓿种归。"这种果名最早见于汉代《史记》，其后《汉书》写张骞使西域，始得此种。而在《神农本草》一书中已讲明，葡萄早在汉前陇西就有，但未入关耳。葡萄亦称蒲萄、蒲陶或蒲桃。《史记·大宛传》云："其俗土著，耕田，田稻麦。有蒲萄酒。"

3.阿月浑子 亦名"胡榛子""无名子"，漆树种；种子供食用，味佳，在中国现俗称为"开心果"。原产亚洲西部，尤以伊朗产的为上品。波斯语称为"piste""pista"。《大明一统志》卷八九称之为（麕）思檀，此词在《增订广舆记》里也曾提到，而在《本草纲目拾遗》中则称之为"必思答"。

开心果的成熟果实

4. 扁桃（巴旦杏） 一种食用、药用杏仁，是中古波斯语（帕赫拉维语）badam 的对音。《酉阳杂俎》卷一八说扁桃，波斯国称为婆淡树。李时珍在《本草纲目》卷二一九中称之为巴旦杏。

扁桃成熟的果实

5. 波斯枣　从称谓上即知此枣出自波斯。在中国古籍中亦有直接采用帕赫拉维语 khorma 来称呼的。《酉阳杂俎》卷一八云："波斯枣出自波斯国，呼为窟莽。"《辍耕录》称之为苦鲁麻。这些均是波斯语的译音。波斯枣于 20 世纪六七十年代在中国一度以"伊拉克蜜枣"闻名，因为当时该枣主要是由伊拉克进口的。

椰枣的果序

6. **没药**　没药树，橄榄科，由树皮渗出的树脂、油胶于空气中成红棕色而坚硬的圆块，称为"没药"，中药学上入药，性平、味苦，功能活血散瘀、消肿止痛，主治痈疽肿痛、跌打损伤等症。此药名译自波斯字 mor。《酉阳杂俎》《开宝本草》《图经本草》等书均介绍"没药"出自波斯，并介绍了它的形状和特性。

没药

7. 阿魏 药物中的兴奋剂和镇静剂，该药在中医学上用为消积、杀虫、解毒药，性温、味辛、有毒，主治肉积、痞块、久疟、疳劳等症。外用为多。波斯语称 anguze，梵文中的 hingu 亦系波斯语的译音。中国古籍中对阿魏虽有不同的称呼，但均不出上述两个外来字的译音。如《酉阳杂俎》卷一八中的阿虞截或形虞、《西域记》卷一二中的兴瞿、《唐本草》中的薰渠、《涅盘经》中的央匮、《隋书·漕国传》及《本草纲目》的阿魏等。

8. 没石子（亦称五倍子、无食子）

首见于《隋书·波斯传》，是一种橡树，其果实富含单宁酸（鞣酸），加工后医学上用作泻剂，亦有散风、清热和明目的作用。在一些中国古籍中均有介绍。《酉阳杂俎》称无食子产于波斯并介绍其功用；《开宝本草》《海药本草》称之为没食子；《炮炙论》称墨食子；《诸蕃志》称麻茶；其他的书中亦有称之为"摩泽"或"木贼"的，各种叫法均是波斯语"mazu"一词的音译。

没石子酸的化学结构

9. 小茴香（又称枯茗或莳萝，亦有称籽然的） 均是波斯语 ka-mun 和中古波斯语 zira 的音译。

小茴香的伞形花絮花朵

10. **甜菜**　在中国古代亦称为莙荙菜，是中古波斯语 ghundar 或 choghondar 的音译。该植物是一年生或两年生草本植物，叶有长柄，花绿色。叶子嫩时可做蔬菜。

甜菜

由中国传至伊朗的作物有：

1. 桃和杏 据传此两种水果均于公元前 3 至前 2 世纪时由中国传入伊朗。波斯语词中原无此两种水果的专用词，把桃称为"shaftalu"即［shaft（大）+alu（李子）］，而把杏称为"zardalu"即［zard（黄色的）+alu（李子）］。这两个词在帕赫拉维语的文献中均曾提及。

2. 茶叶 众所周知，茶叶是由中国传至伊朗的。波斯语中称茶叶为"charyee"，显然是汉语中"茶叶"两字的译音，而且可能是先从中国北方传至伊朗的，不似英语的"tea"（茶叶）一词明显是自中国南方福建一带的发音转译过去的。

茶树开花

3. **肉桂** 常绿乔木。其树皮叫桂皮，可以入药或做香料（调味）；叶、枝和树皮磨碎后，可以蒸煮桂油。肉桂温肾补火，祛寒止痛。在波斯语中将肉桂称为 "dareheen" "darcheenee"［dar（木或树皮）+ cheen（中国）］，而 cheenee 义即中国的。

肉桂

4.茯苓　是寄生在松树根上的菌类植物，形状像甘薯，外皮黑褐色，里面白色或粉色。中医用以入药，有益脾、安神、利尿和镇静的作用。在伊朗将茯苓称为"中国根茎"（reeshei cheen 或 choobi cheenee）。据伊朗书籍记载，茯苓于公元 16 世纪时传入伊朗。

中药材茯苓

语言文学方面的交流

随着中伊两国在不同领域里的交往，相互了解加深，尤其在唐代，两国除在科学技术方面的交流颇为频繁之外，还有许多善于经商的波斯商人来华。这在当时的中国文化作品中得到了反映。由于他们在来华时都携有珍宝或一些当时在中国罕见的物品，所以这些波斯人常被描绘成带有传奇或神话色彩的人物，他们经常以魔法师、炼丹师、有法术者或富商的形象出现在中国文学作品里。例如，在《太平广记》这部收录了汉至宋初的各种文学形式的作品的书中，就有许多内容是描写伊朗人在华经历的。其中《李勉》《径寸珠》《李灌》等篇[①]均描述了波斯商人在中国的奇遇。又如《后魏庄帝》一篇，是讲波斯国遣使献狮子的故事。从这些故事中可以看出，当时波斯人在中国的影响是颇大的。

唐代时，在加入了中国籍的波斯人后裔中，有个别人在文学艺术上颇有造诣，李珣即系其一。他原是波斯人，黄巢起义时，随僖宗入蜀，后来就在当地定居。李珣的诗文颇有特色，著有《琼瑶集》等，《全唐诗》收有他的诗作五十多首，如《渔父歌三首》。[②]李珣之妹李舜玹亦善吟诗，她被蜀王衍纳为昭仪。她的诗作亦见于《全唐诗》。[③]

伊朗古代文学作品亦在我国得到较为广泛的流传，如萨迪的名著《蔷薇园》（公元14世纪），由于优美的文笔和韵律，加上

---

① 《太平广记》卷四〇二。
② 《全唐诗》卷八九六。
③ 《全唐诗》卷七九七。

波斯文学史诗《列王纪》中的一个场景

书中所宣扬的哲理思想与中国的传统思想相近似，所以，几百年来一直在中国流传。中国伊斯兰教界曾把该书列为规定的教材。该书在我国存有不同时期的抄本。其他还有一些波斯古籍的手抄本也陆续在中国被发现。

另外需要一提的是，我国塔吉克族民间流传的许多文学故事或传说与伊朗文学宝库里的同类作品很为相似，如有关英雄洛斯塔姆以及霍斯鲁与希琳的爱情故事等。在我国塔吉克族地区，还存在这些传说故事的具体发生地点。我国塔吉克族甚至认为"四行诗"（rubayiyat）这种诗歌形式首见于塔吉克族中，后由波斯著名诗人欧玛尔·海亚姆加以完善和发展，才成为以后著名的"四行诗"。

在波斯古典文学中，常有描述中国帝王的故事情节。在波斯文学作品里常把最美的美女比作中国姑娘，或称赞此美女系出自中国画家之画笔。

早在汉朝时，张骞向西域"凿空"后，一些波斯语词汇陆续融入汉语中，如狮子（sheer）和巴旦杏。直至伊斯兰教初期，波斯语曾是到中国、中亚和印度等地的摩尼教徒、聂斯托利教徒们所使用的语言，之后也是伊斯兰教传教士在中国等地使用的媒介语言之一。10世纪后，波斯语逐步成为伊斯兰世界东部地区的文学语言。加上东来中国的穆斯林中有许多是伊朗人，因此波斯语在中国的影响增大，在我国的新疆地区，这种影响就更为明显。到了元朝，由于统治者对汉族实行民族压迫和民族歧视政策，朝廷录用了众多的色目人，其中有许多是波斯人，由于当时的波斯文化高于受蒙古族统治的其他诸汗的文化，波斯语的影响也就更大了。从目前的史料看，波斯语很可能是元代朝廷里的通用语言之一，其重要性仅次于蒙古语和汉语。至元二十六年（1289）元朝专门设立了"回回国子学"（国子学是中国古代教育管理机构中的最高学府），教授波斯语。著名的阿拉伯旅行家伊本·白图泰在他的访华游记中讲道，他在杭州时受到当地官员的热情接待。泛舟西湖时有一个节目是歌手们不断地用波斯语演唱一首曲调优美的诗曲，以示欢迎。[①] 从这点亦可看出波斯语当时在中国的影响。又如，举世闻名的在元廷任职多年的威尼斯人马可·波罗在所著的游记中，也有一些词用的是波斯语。他把位于北京城附近的卢沟桥称为"保儿萨琴"（波斯语"石桥"之义），称中国皇帝为"法黑福尔"（帕赫拉维语义为"天子"），称云南人为"察唐唐"（波

伊本·白图泰

---

① *Safarnamei Ibn Battuta*（波斯文版《伊本·白图泰游记》，德黑兰，1970年版第2卷第750页）。

斯语"金齿"之义)。再如,《元史》中称犹太人为术勿或主勿,称穆斯林为木速儿蛮等,亦均为波斯语译音。反过来,汉语词汇也有一些进入波斯语的,但为数不多,如茶叶(chayee)、钞票(chau)、船(jung)等。

北京卢沟桥

专门收集元、明以来史部著作和罕传之本的《玄览堂丛书续集》，有明代吴人慎懋赏辑的《海国广记》，在其中"天方国"一节的天文门和地理门两段里收集了 84 例中文与波斯文词汇的对照表，并用中文注明波斯语的发音。其注音和释义均甚为准确，为保存下来的同类材料中所罕见。[①]

根据目前拥有的材料来看，我国研究波斯语的历史亦颇为悠久。早在清代康熙年间的 1662 年至 1703 年，中国学者常志美便编著了一部名为《学习门径》(*Minhaj-al-Talab*)的波斯语语法书。常志美系山东济宁人，祖籍中亚。他学问渊博，精通波斯语，对伊斯兰教经典也很有研究。此书用波斯语写成，供中国学生学习波斯语时当教科书用，主要是为伊斯兰教经学堂讲授所用。现已在北京、南京诸地发现该书的多种手抄本。伊朗有关方面对此书也颇为重视，已在伊朗影印出版（据北京东四清真寺保存的抄本）。有些外国学者认为该书很可能是由非伊朗人所著的最早的一部波斯语语法书。

文化艺术方面

中伊两国在文化艺术方面的交往颇为丰富多彩。伊朗人很善于融化和吸收外族文化中的优秀部分，并结合本民族的特点加以发挥，而不是机械地模仿。例如在绘画方面，综观现在伊朗保留的美术作品，伊朗的绘画艺术在蒙古人统治伊朗之后，很明显地

---

① 《玄览堂丛书续集》第 97 册，1947 年影印版第 648、654 页。

受到中国工笔画和水墨画的影响；在绘画风格上，甚或连具体花纹、云纹等构思及形状都极为相似。有的则巧妙地把中伊两国各自的艺术风格糅合到同一作品里去。例如有一幅描绘在伊朗脍炙人口的爱情故事"霍斯鲁和希琳"的画，环境景色构思及笔韵均是中国明代画派的笔调，画中的两个人物穿着伊朗服饰，而脸庞又是中国人的脸型。相似的情况可见诸其他的伊朗工笔画和细密画中。

伊斯法罕八重天宫殿中 1669 年的女子乐队绘画

中国的雕刻历来以平雕为主，但陕西省博物馆内有名的浮雕"昭陵六骏"中，各种奔马神态则令人联想起在伊朗的塔克·博斯坦和纳克希·洛斯塔姆发现的属萨珊王朝时代的石刻浮雕。两国的有关学者可借此考证古代伊朗的雕刻术——浮雕是否对中国的雕刻有过影响。

"昭陵六骏"局部

位于洛斯塔姆的石面浮雕

　　同样，在中国雕像或其他美术作品里所见到的我国古代武士盔甲上的金属鳞片，很可能仿自古代伊朗。这种武士盔甲及马饰等装饰，早在伊朗安息王朝时代（前3—3世纪）便已存在了。这些东西估计是在汉代以后传入中国的。[①] 新疆发现的隋唐时代织锦，其中有些有联珠圈的对禽、对兽等纹样，显然是受波斯萨珊王朝文化的影响。

4世纪萨珊王朝的镀银马首

---

① 　C. Huart: *Ancient Persia And Iranian Civilization*.pp.196—197.

　　在音乐领域，中伊交流也不少。两国的音乐历史均甚为悠久，且相互影响。据我国学者研究，中国音乐在元代、明代时曾受伊朗音乐的影响，有些中国乐曲即来自伊朗古曲。至于伊朗音乐与我国新疆少数民族音乐上的亲密关系，则更为明显。双方均有名为"十二木卡姆"的大型套曲，但是套曲的内容和形式则不尽相同，两者起源均尚待考证。两国在乐器上的交流也很明显，中国给伊朗送去了琵琶、竹笛等古乐器，而中国则从古代伊朗获得了唢呐和洋琴（即扬琴）等乐器。伊朗和我国新疆地区所使用的乐器颇为相似，有的甚至连名称都相同，如冬不拉、都塔尔、热瓦甫、锡塔尔、卡龙、艾捷克和达甫鼓等。从这些乐器的名称来看大多出自波斯语。

乐器冬不拉

　　我国唐代以后在宫廷里曾盛行一种名为"波罗球"的游戏，此项目亦传自伊朗。"波罗球"是发源于古代伊朗的一种体育项目，"波罗"在古波斯语中义为球棒。这种体育游戏是以棍击球，后人逐渐发展称为"马球"。该游戏介绍到中国后，盛极一时。在西安市附近的唐代章怀太子墓里，发现有描绘波罗球游戏的壁画以及做打波罗球姿态的男女骑俑。在西安还发现在宫廷里修建波罗球场的奠基石铭。公元9世纪以后，在敦煌壁画里也出现了执球杖的侍从。这些均说明当时波罗球游戏在中国已很为流行了。

陕西博物馆发掘的唐章怀太子墓室壁画《打马球图》（局部）

唐章怀太子墓壁画（局部）

　　我国元代自忽必烈开始实行向朝中权贵显要御赐"质孙服"，《元史》卷七八。这一习俗亦取自伊朗。在帕赫拉维语中，质孙（jashn）即御赐服饰之意。两国各自的文献显示，御赐服饰的内容和件数均甚为接近和相似，从中可看出相互的关系。

　　我国新疆的一些少数民族，尤其是塔吉克族，至今仍把努鲁兹（元旦）这个伊朗早在两千几百年前便已盛行的节日视为本民族最盛大的节日，甚至连节日的名称，也一直沿用了波斯语词"努鲁兹"（意为迎接新年第一天的节庆名）。

考古

　　在中国的考古发现充分展现出中伊两国在古代的文化交流。近年来中国各地的考古新发现更印证了这一点。例如，在 1999 年挖掘出土的山西太原虞弘（592 年殁于隋开皇时）墓中，发现了许多波斯文化因素，如椁壁中的浮雕，画像中人物的王冠形状均与伊朗萨珊王朝时代盛行的王冠头饰和飘带等颇为相似，而且墓中的图案明显原创于伊朗琐罗亚斯特教的风格礼仪，看到这些图像很快使人联想起伊朗萨珊王朝的遗迹或类似物品。此外，2000 年从西安发掘出来属北周时期的安伽墓，也从多方面体现出中国与伊朗萨珊王朝时代的文化交流和相互影响。

线摹虞弘墓石板浮雕图

虞弘墓石椁底座彩绘石板细节图

安伽墓石门门额上的袄教火坛浮雕线摹图

　　关于摩尼教，世界各地学者很少论及该教保存下来的实物或有据可查的遗址。自20世纪70年代末开始中国学者经过长期考察和论证，终于在新疆吐鲁番的胜金口、吐峪口和伯兹克里克等地甄别出几十个摩尼教石窟，窟中保存的壁画内容有许多是摩尼教中经常谈及的题材。例如，《七重宝树明使图》《生命树图》《宝树果园图》《葡萄树园图》《礼赞生命树图》《日月宫图》和《行者观想图》等。有一些石窟虽覆盖以佛教的图案，但刮去佛教图

柏兹克里克第38窟的摩尼教徒礼赞生命树壁画（9至11世纪）

案后，便露出里边原存的摩尼教壁画，而且石窟中厅堂的结构和形式与对摩尼教寺院的介绍相吻合。

在中国保存和发现的外国钱币亦是研究中外关系的一个方面。有关伊朗古币在中国的情况，中国著名学者夏鼐先生早在 20 世纪上半叶就已开始进行专门的研究和发表论述文章。据统计，现在中国境内考古发现和保存的古代伊朗钱币达 2000 枚左右，其中大部分系伊朗萨珊王朝所铸造的钱币，且以银币为主。上海博物馆收藏的萨珊王朝银币共有 203 枚，包括该王朝诸国王所发行的各种类别银币。这种较完整的收藏为笔者系统观察和了解萨珊银币特点提供了佐证，并补充了国内考古发现中的一些缺项。

波斯萨珊王朝时期的硬币

　　此外，在 20 世纪末，中国各地还陆续发现了一些有关中伊古代文化交流的实物，如在云南剑川石窟中发现有标明为波斯国人的石像，在扬州发现的背面雕有马球戏的铜镜，在北京发现有波斯文铭文的明代香炉，在广东省博物馆保存有标明为伊朗宫廷定制的明代瓷器等。这些都是中伊古代文化交流广泛和频繁的明证。

主要参考文献：

1.《二十四史》中的有关卷集、章节。

2.《唐会要》，中华书局，1955 年。

3.《玄览堂丛书续集》第 97 册，1947 年影印版。

4. [美] 谢弗（Schafer）：《唐代与外来文明》。

5. Berthold Laufer, *Sino-Iranica*.

6. Abbas Amanat, *Resurrection & Renewal, The Making of the Babi Movement in Iran*.1844~1850.

7. Huart, *Ancient Persia and Iranian Civilization*.

8. E.G.Browne, *A Literary History of Persia*.

9. Abbas Eqbal Ashtiyani, *Tareekhi Moffasali Iran*.

10. Issa Saddiq, *Tareekhi Farhangi Iran*.

11. Issa Behnam, *Tamadoni Iran*.